Lb 49 3.

AF257414

2963

SA MAJESTÉ CHARLES X,

ROI DE FRANCE ET DE NAVARRE,
Sacré à Reims, le 29 mai 1825.

ou

Traits de bienfaisance, de loyauté, de courage
et d'urbanité de cet auguste Monarque,

DEPUIS SA NAISSANCE JUSQU'A CE JOUR.

Le voilà ! — Ce seul mot a reconquis la France !
Alph. DE LAMARTINE, *Chant du Sacre.*

PRIX : VINGT CENTIMES.

AU PALAIS-ROYAL,

LIBRAIRIE D'ÉDUCATION DE A. J. SANSON,
Éditeur du Petit Moraliste et du Bonhomme Richard,
A DIX CENTIMES.

PARIS,

IMPRIMERIE D'HIPPOLYTE TILLIARD,
Rue de la Harpe, n. 78

NOTICE

HISTORIQUE ET BIOGRAPHIQUE.

CHARLES-PHILIPPE DE FRANCE, successivement connu sous les noms de monseigneur le Comte d'Artois, de Monsieur, Comte d'Artois, Frère du Roi, et de Charles X, est né à Versailles, le 9 octobre 1757, du mariage du grand Dauphin, fils aîné de de Louis XV, et de Marie-Josèphe de Saxe. Il eut pour frères le duc de Berri (depuis Louis XVI), et le Comte de Pr-vence (depuis Louis XVIII).

S'il faut en croire Abel de Regny, (dit le Cousin-Jacques), dans son Dictionnaire néologique des Grands Hommes, publié en l'an VIII: quelque temps avant la naissance de monseigneur le Comte d'Artois, un diseur de bonne aventure, passant par le château où se trouvait Louis XV, lui prédit qu'un de ses fils serait détrôné et le royaume en combustion, mais qu'un autre de sa famille, nommé Charles, remettrait les choses dans l'ordre. Louis XV eut la faiblesse de se frapper l'imagination de cet horoscope, et il est certain que le Comte d'Artois, dont la Dauphine était alors enceinte, n'eut Charles, pour premier prénom à son baptême, qu'à cause de cette fantaisie du Roi qui avait l'esprit frappé; car on lui eût donné, sans cela, le nom de Louis comme à ses frères.

A l'âge de seize ans, le 9 octobre 1773, monseigneur le Comte d'Artois épousa Marie-Thérèse de Savoie, sœur de l'épouse du comte de Provence; à dix-huit ans, il fut père de monseigneur le duc d'Angoulême; il eut encore de ce mariage deux autres enfants, monseigneur le duc de Berri, qui lui fut enlevé par un crime affreux, le 13 février 1820, à peine âgé de quarante-deux ans, et la princesse Sophie qui mourut en bas âge.

Monseigneur le Comte d'Artois contribua puissamment, par son exemple, en se faisant, ainsi que ses frères, inoculer la petite vérole, dans un temps où c'était un acte de courage, à la propagation de cette découverte si importante, perfectionnée depuis sous le nom de vaccine.

Le 15 octobre 1782, à son retour à Versailles, du camp de Saint-Roch devant Gibraltar, il fut reçu chevalier de Saint-Louis, par le roi Louis XVI, son auguste frère.

Lors de l'assemblée des états-généraux,

il s'opposa avec force à la double représentation du tiers-état que ses deux frères avaient consentie.

Il quitta la France le 16 juillet 1789, pour se mettre à l'abri des fureurs révolutionnaires, et se rendit à Turin, auprès du roi de Sardaigne, son beau-père.

Lors de l'attentat du 21 janvier 1793, son frère qui avait également quitté la France, prit le titre de Régent du royaume et lui, celui de Lieutenant-Général du royaume ; c'est sous ce titre qu'il est rentré en France en 1814, et sous celui de Monsieur, frère du Roi ; M. le Comte de Provence prenant alors celui de Louis XVIII, à cause de la mort du Dauphin Louis XVII, fils de Louis XVI, Roi martyr.

Appelé au trône de France par la mort du Roi, son frère, arrivée à Paris le 16 septembre 1824, Monsieur, Comte d'Artois, fit son entrée solennelle à Paris le 27 du même mois, avec le titre de Charles X ; les Français y ajoutèrent celui de *Bien-aimé*.

Protecteur éclairé des arts et des lettres, ce Prince fut le mécène de M. de Piis, fondateur du Vaudeville et l'un de nos plus gais chansonniers, de l'immortel traducteur de l'Enéide de Virgile, M. Delille et de plusieurs autres savants distingués.

À son avénement au trône, Charles X abolit la censure et commença son règne, en accordant la grâce d'un grand nombre de transfuges qui avaient combattu en Espagne contre l'armée française, et de plusieurs autres, condamnés pour crimes et délits politiques; au reste, ses bienfaits sont dans tous les cœurs, il suffit de prononcer le nom de Charles X pour rappeler à la fois toutes les vertus de l'antique race des Bourbons, et il suffit encore de nommer monseigneur le Dauphin, son fils, pour rappeler toutes les vertus de Charles X.

CHARLES X
PEINT PAR LUI-MÊME.

M. de Colbert, officier-général de la cavalerie française, qui, depuis long-temps se trouvait sans emploi, avait accompagné à pied le convoi de Louis XVIII. « Général, lui dit, quelques jours après, le nouveau roi, vous avez suivi mon frère à pied, j'espère vous voir bientôt à cheval. »

Le jour de son entrée à Paris, comme il revenait aux Tuileries, Charles X aperçut une jeune femme qui, un papier à la main, cherchait inutilement à traverser la haie de soldats pour arriver jusqu'à lui. « Laissez approcher, dit-il; et sur le signe qu'il donna, cette jeune femme se précipita à ses pieds, en présentant son placet, et criant *grâce, grâce!* Bien obligé, mon enfant, je vous remercie, lui répondit le roi. »

« Que je suis heureux, s'écriait à l'Opéra Monsieur, comte d'Artois, quelques jours avant l'arrivée de Louis XVIII, en 1814, en voyant les transports que sa présence causait, je n'ai qu'une crainte, c'est que ce bon peuple n'épuise pour moi son enthousiasme.

*

Le général Excelmans, qui avait été exilé en 1815, ayant sollicité et obtenu une audience du nouveau roi, se jeta à ses pieds, Charles, le relevant avec bonté, « Général, j'oublie le passé, la seule chose dont je veux me souvenir, c'est que, lorsque vous reçûtes de Bonaparte l'ordre de me poursuivre, vous prîtes une autre route que celle que j'avais prise. »

*

Un officier général, admis au lever de Monsieur, le lendemain de sa première rentrée en France, lui offrait ses services, en le prévenant toutefois que, pendant vingt ans, il avait servi dans les armées de la république et de Napoléon. « Ce que vous y avez appris sera fort utile au service du Roi, fut la réponse du petit-fils de Louis XIV.

*

Le jour de l'entrée de Charles X à Paris, le temps avait forcé les spectateurs d'étendre leurs parapluies, « *à bas les parapluies*, cria quelqu'un qui ne pouvait apercevoir le Monarque, le Roi se mouille bien, nous pouvons bien nous mouiller aussi. »

Digne petit - fils d'Henri IV, il disait dans la proclamation qu'il adressa à l'armée qu'il avait organisée à Lyon, en mars 1815, pour s'opposer au retour de Bonaparte, *partout où vous verrez mon panache blanc, suivez-le, c'est le chemin de l'honneur.*

Comme on cherchait à lui inspirer des doutes sur la fidélité de cette armée. « Tant que je verrai, dit-il, des chevaliers de Saint-Louis à la tête des régiments, je ne pourrai croire à la trahison. »

On lui opposait encore qu'elle manquait d'artillerie et de munitions. « La guerre de la Vendée a commencé avec des fourches et des pioches, repartit à l'instant le Prince, nous avons des baïonnettes, je marcherai le premier. »

La maladie et la mort de Louis XVIII,
au mois de septembre dernier, avaient
suspendu les réjouissances de la Saint-
Cloud; les marchands forains qui s'y étaient
rendus, étaient menacés d'eprouver de
grandes pertes; Charles X ordonna qu'on
leur remboursât leurs frais, et qu'on leur
donnât en outre le double des bénéfices
sur lesquels ils comptaient.

« Nous allons manger un pain de douleur, mais nous le mangerons ensemble, »
disait en 1815 Monsieur Comte d'Artois,
aux volontaires de l'Ecole de Droit; et,
lors de la seconde rentrée des Bourbons
en France, il se rendit lui-même à l'Ecole
de Droit, pour leur en témoigner sa reconnaissance.

A cette occasion on plaça dans la salle
des cours, au dessous du drapeau qui
avait suivi les volontaires à Gand, l'inscription suivante :

Le 25 avril 1816,
S. A. R. Monsieur, Frère du Roi,
a visité l'Ecole de Droit
Et félicité les Professeurs et les Elèves,
de la conduite qu'ils ont tenue
En mars 1815.

A son entrée à Paris, S. M. Charles X fut reçue par le conseil municipal ayant à sa tête M. de Chabrol, qui lui présenta les clefs de la ville. « C'est avec un sentiment profond de douleur et de joie, dit-il, dans sa réponse au préfet, que j'entre dans ces murs, au milieu de mon bon peuple; de joie, parce que je vais employer, consacrer jusqu'au dernier de mes jours pour assurer et consolider son bonheur. »

✳

Monsieur Comte d'Artois se promenant dans les environs de Saint-Cloud, avec M. le duc de Guiche, rencontra une femme qui tenait une petite fille entre ses bras et pleurait à chaudes larmes. « Qu'avez-vous bonne femme? lui demanda le Prince. » Hélas Monsieur, on doit baptiser aujourd'hui cette petite fille, j'ai promis à la mère d'être marraine, un de nos pays avait promis de me servir de compère, il vient de se dédire et la cérémonie va se faire. N'est-ce que cela dit le Prince, et il s'offrit pour être parrain. La villageoise voyant un *monsieur* s'offrir pour compère, pensa d'abord qu'il se moquait d'elle, le Prince ayant insisté fut accepté, et sa commère le conduisit à l'église, où elle le présenta à sa famille.—Quel est votre nom lui demanda le curé? —Monsieur.—Monsieur qui? —Monsieur tout court? —Comment tout court. — Mettez si vous voulez Monsieur, frère du Roi. A l'instant la famille se précipita aux genoux du prince qui avait peine à modérer les transports de ces braves gens. Il laissa vingt-cinq louis à sa commère pour les dragées, et depuis fit une pension à sa filleule.

On avait annoncé la rentrée de S. M. Charles X dans Paris, pour le 26 septembre 1824 à midi un quart. S. M. recommanda elle-même de presser les préparatifs de cette cérémonie. « L'exactitude est la politesse des rois, dit-il; et en effet, à midi précises il monta à cheval à l'entrée du bois de Boulogne. Et comme on l'engageait à cause de la pluie à rester en voiture. « Vous n'avez sans doute vu nulle part, répondit-il, que les Bourbons craignissent le feu, et ils ne craignent pas l'eau davantage.» On dit gaiement à ce sujet que Charles X ne peut manquer d'être aime, car il a beaucoup *plu* le jour de son entrée.

La déportation à Sinamary de M. Barthelemy avait été pour lui une source de malheurs et d'infirmités. Lorsqu'il fut admis à présenter ses hommages à Charles X, (le 2 octobre 1824) il s'excusa auprès de S. M. de ce que ses infirmités ne lui permettaient pas de marcher sans canne. « Je vous préviens M. le Marquis, lui dit le Roi, à ce sujet, que je ne vous recevrai pas désormais, si vous n'avez toujours votre canne, et à l'instant il le conduisit auprès d'un fauteuil, en ajoutant : je ne veux pas vous écouter que vous ne soyez assis. »

Au retour de la revue du Champ-de-Mars, quelques personnes qui marchaient devant le monarque, hâtaient leurs pas. « Messieurs, êtes vous donc plus pressés que moi, » leur dit le Roi, qui craignait de ne pas avoir assez le temps de voir son peuple et d'accueillir les demandes.

Louis XV, grand-père de Louis XVI, de Louis XVIII et de Charles X, était très sévère sur l'étiquette, même envers ses petits-enfants, aussi les princes ne lui parlaient-ils qu'avec crainte et respect. Le comte d'Artois, plus hardi que ses frères, paria du jour avec eux qu'il paraîtrait devant le Roi, son chapeau sur la tête : le pari fut accepté; le lendemain, il se présenta avec ses frères au lever du monarque, s'avança vers lui le chapeau sur la tête et le salua de l'épée : Louis XV en parut étonné. « Comment me trouvez-vous, grand-papa, lui dit aussitôt le jeune prince, on m'a dit que je ressemblais ainsi à Votre Majesté. —Très bien, mon fils, lui répondit le Roi, qui l'embrassa en riant. Alors le comte d'Artois ôta son chapeau, salua le Roi, et se tourna vers ses frères en leur disant : «J'ai gagné.»

Le 19 octobre 1824, Sa Majesté se rendit à l'Hôtel des Invalides, distribua elle-même la croix de la Légion-d'Honneur à une dixaine d'invalides qu'elle appela par leurs noms, «Vous avez mérité cette récompense par vos services, leur dit le Roi, j'ai voulu vous la donner moi-même.» Arrivé au réfectoire des officiers, Sa Majesté daigna leur faire l'honneur de demander à boire à la santé des vieux braves qu'il lui semblait si doux de visiter; il paraît qu'on ne s'attendait pas à cette demande, car, n'y étant point préparé, et pour satisfaire promptement le désir du Roi, on lui versa du vin que l'on sert ordinairement, et les vieux guerriers remarquèrent qu'ils n'étaient pas les seuls qui trouvassent le vin un peu rude.

Vive le Roi, vive l'Empereur, vive Monsieur, vive le duc d'Angoulême, vive le roi de Rome! criait une vieille femme qui, dans l'effervescence de sa joie, confondait le présent avec le passé, et qui faillit en devenir victime. « Oui, ma bonne, répondit le Prince avec bonté, il faut que tout le monde vive. »

Le Roi ne peut être heureux qu'autant que son peuple le sera, dit Charles X (alors comte d'Artois), dans sa réponse au discours que lui adressa le chapitre de Notre-Dame, lorsqu'il se rendit à cette métropole en 1814.

En octobre 1815, il fit présent à M. de Vaublanc, ministre de l'intérieur, du cheval blanc dont il s'était servi le jour de

son entree à Paris, en 1814, et il lui adressa, à ce sujet, une lettre dans laquelle on
lisait le passage suivant : « Ce cheval est
celui que je montai le jour de mon entrée
à Paris, je l'ai choisi comme devant por-
ter bonheur à tous ceux qui s'en servi-
ront. »

Dans la réponse de Monsieur, comte
d'Artois à M. le Baron de Chabrol, préfet
du département de la Seine, qui était
venu le recevoir en 1814; à la tête du corps
municipal, on remarqua ces paroles :
« Les Français peuvent être certains que
mon frère et moi, qui sommes unis par les
mêmes sentiments, nous ferons tous nos
efforts pour leur rendre le bonheur qu'ils
nous donnent aujourd'hui. »

Lors de sa rentrée dans Paris, le 12
avril 1814, Monseigneur le Comte d'Artois termina en ces termes sa réponse à
M. le Prince de Talleyrand, qui, à la tête
des membres du gouvernement provisoire, était venu le recevoir et le compli-
menter : « Plus de divisions, la paix et la
France, je la revois enfin, et rien n'y est
changé; il n'y a qu'un Français de plus ! »

Au mois de février 1814, Monsieur, Comte d'Artois, étant rentré sur le territoire français s'écria : « Je suis en France, je n'en sortirai plus. »

A travers la haie de cocardes blanches qui ne m'a pas quittée depuis Vesoul, répondit-il à ceux qui s'étonnaient de le voir sans escorte, je n'avais pas besoin de gardes.

Il répondit également aux grenadiers de la garde nationale, qui étaient venus au-devant de lui jusqu'à Livry : Mes enfants, vos malheurs sont finis, notre unique soin sera de les faire oublier ; j'aime l'habit que vous portez, c'est celui d'un grand nombre de bons français, j'en ai fait faire un à Nancy, je n'en aurai point d'autre pour mon entrée à Paris, puis il ajouta : Mes enfants, nous avons tous les mêmes sentiments, portons tous la même couleur, et sur-le-champ il leur fit distribuer à chacun un morceau de ruban blanc, et lui-même en mit un à sa boutonnière.

L'abbé de Besplar avait, dans un sermon qu'il prononça devant la cour de Louis XV, parlé de la mauvaise administration des prisons, qui n'étaient alors que des lieux infectés et hideux, dans lesquels les malheureux languissaient en attendant leur jugement. Le lendemain, au lever du Comte d'Artois, un courtisan osa blâmer l'abbé, qui avait pris avec tant de chaleur la défense de gens qui, disait-il, subissaient dans des cachots la peine anticipée de leurs crimes. Le prince l'interrompit avec vivacité en s'écriant : « Avant le jugement ! comment sait-on s'ils sont coupables ?, On n'en est assuré que par l'arrêt. »

Pendant l'hiver de 1778, le Comte d'Artois, ayant eu avec le duc de Bourbon, dans un bal masqué, une querelle qui les obligea de mettre l'épée à la main, tous deux se rendirent à la porte des Princes (au bois de Boulogne) accompagnés de M. le Chevalier de Crussol et de M. de Vibraye; après avoir ferraillé quelque temps, le Comte d'Artois, emporté par son impatience naturelle, pressa tellement le Duc de Bourbon, que celui-ci ayant rompu et perdant la mesure, chancela. L'épée du Comte d'Artois lui passa sous le bras ; le Chevalier de Crussol, qui crut le Duc blessé, s'avança pour les prier de suspendre ; M. de Vibraye se joignit à lui ; ce n'est pas à moi à recevoir un avis, leur répondit le Comte d'Artois, c'est à M. le Duc de Bourbon de dire ce qu'il veut, je suis ici à ses ordres. Monsieur, lui dit le duc de Bourbon, en baissant la pointe de son épée, je suis pénétré de reconnaissance de vos bontés, et je n'oublierai jamais l'honneur que vous m'avez fait. Monseigneur le Comte d'Artois, ouvrit alors les bras et courut l'embrasser.

✳

'Monseigneur le Comte d'Artois, en revenant de visiter le Midi et rendant compte au Roi du succès de son voyage, dit gaiement : « J'ai été reçu à Avignon comme un Pape, et à Lyon comme un Roi. »

✳

'En 1814, le Roi distribua lui-même, au Champ-de-Mars, des drapeaux à la garde nationale de Paris, le Colonel-Général, (Monsieur, Comte d'Artois) lui adressa ces paroles : « Sire, la garde nationnale est profondément sensible au grand honneur que Votre Majesté a voulu lui faire en lui donnant elle-même ses drapeaux, je puis vous assurer, Sire, qu'elle en est digne, tous sont prêts à mourir pour la personne de Votre Majesté, et parmi tant de sujets fidèles, il n'en est pas de plus dévoué que leur Colonel-Général; et il se précipita dans les bras de son frère, qui l'embrassa en versant des larmes d'attendrissement.

En avril 1814, Monsieur, Comte d'Artois, dit au Doyen de la faculté de Droit, (M. Delvincourt) je vous engage à ne pas oublier, dans votre enseignement, la religion qui fonde et conserve les empires.

"Continuez de défendre la veuve et l'orphelin, dit-il au Bâtonnier de l'Ordre des avocats, c'est votre plus beau titre, c'est en soutenant les droits de la justice que vous servirez bien le Roi et la Nation.

Lorsqu'on lui présenta la députation du Consistoire des protestants, il lui adressa ces paroles : « Le consistoire doit être assuré que le Roi se plaît a embrasser également dans ses affections, les Français de tous les cultes, comme il compte sur la fidélité et le dévouement de tous. »

✳

Dans les instructions que S. A. R. donna en 1814, aux commissaires, chargés de parcourir les départements, Monsieur, Comte d'Artois, leur dit ces mémorables paroles : « Portez au peuple l'espérance et rapportez la vérité au Roi ! Dites partout, répétez jusque sous la chaumière du pauvre, que le roi arrive avec les sentiments d'un père, et qu'il partagera le malheur de ses enfants jusqu'à ce qu'il l'ait réparé.

✳

Monseigneur doit être bien fatigué, disait-on, à Monsieur, comte d'Artois, lors de son entrée dans les appartements des Tuileries, le 12 avril 1814 : « Comment serais-je fatigué un jour comme celui-ci, répondit-il, le premier jour de bonheur que j'aie éprouvé depuis vingt-cinq ans. »

✳

« Qu'il est doux de se reposer dans le palais de ses pères, disait-il à la même occasion, et sur vos lauriers, ajouta-t-il en se tournant vers les maréchaux qui l'entouraient. »

✳

A la revue du 29 septembre, au Champ-de-Mars, un lancier, par excès de zèle, essayant d'écarter avec le bois de sa lance la foule qui se pressait autour de S. M., le roi l'arrêta en disant : « Je ne veux pas de lance entre mon peuple et moi ; laissez-le approcher ; il ne m'aimera jamais autant que je l'aime. »

✳

A la même revue, un vieux soldat se présenta à lui : « Sire, trente années de service, dix-huit campagnes, onze blessures, valent la croix, et je ne l'ai pas : La voila, lui répondit le roi en détachant celle qu'il portait pour la lui remettre. »

✳

Après la rentrée des Bourbons en France, Monsieur, comte d'Artois, se rendit à l'Hôtel-Dieu ; il y fut reçu par M. de Barbé-Marbois : « Mon devoir, lui dit-il, est de me rapprocher des pauvres, c'est aussi mon plus grand plaisir ; en m'assurant de leur bien-être, je satisfais le cœur du roi et le mien. »

Entendant autour de lui les cris de vive le roi ! il dit : « Vous faites bien, mes enfants, d'aimer votre bon roi, car vous n'avez pas de meilleur ami. » Ayant ensuite aperçu le château des Tuileries, de la place où il était : « Voilà, dit-il, une perspective heureuse ; il est bien que l'asile des pauvres soit placé sous les yeux du roi. » Et quelques jours après, il envoya 4,000 fr. pour distribuer aux malades.

Après la cérémonie qui eut lieu à Notre-Dame, le jour de son entrée dans Paris, les habits de Sa Majesté étant mouillés, on lui offrit de nouveaux vêtements : « Y en a-t-il pour tout le monde, demanda le roi. » Et sur la réponse négative, il reprit : « Eh bien ! je ne suis pas plus malade que les autres ; je n'en changerai pas. »

Le jour de la naissance du duc de Bor-

deaux ! Monsieur, Comte d'Artois, reçut
une pétition ainsi conçue : « Monseigneur,
ma femme est accouchée cette nuit, à la
même heure que S. A. R. Madame la
duchesse de Berri ; nous sommes bien
pauvres. »

Une heure après, l'accouchée avait reçu
1,200 fr.

Lorsque M. le vicomte de Châteaubriand
vint présenter ses hommages à Charles X :
« Monsieur le vicomte, lui dit le roi ; nous
sommes dans l'affliction ; nous étions sûrs
de vous voir. »

A la séance royale du 16 mars 1815, où
Louis XVIII se rendit en personne, et
renouvela le serment de maintenir la
Charte, après que le roi eût parlé, Monsieur, comte d'Artois, ajouta en baisant
respectueysement la main de son frère :
« Oui, Sire, c'est au nom de l'honneur
que nous jurons tous fidélité à Votre Majesté, et à la Charte constitutionnelle. »

En septembre 1792, se trouvant au
camp de Saint-Roch, devant Gibraltar,

Monseigneur le Comte d'Artois voulut visiter par lui-même les batteries et d'autres ouvrages de fortification assez avancés ; comme on lui représentait le danger de cette reconnaissance qu'il poussait un peu loin. « Que servirait, dit-il, ma présence ici, si je n'encourageais pas ces braves travailleurs en partageant leurs dangers. »

❋

Après la retraite de 1792, les princes se trouvant obligés de licencier les braves compagnons d'armes qui avaient partagé leurs dangers, un grand nombre de ces fidèles serviteurs, tomba dans la misère ; Monseigneur le Comte d'Artois, non content d'avoir épuisé en leur faveur toutes ses ressources pécuniaires, donna ses médailles, diamants et bijoux, ainsi que l'épée de son fils, au Maréchal de Broglie, en le chargeant de les vendre et de leur en distribuer le produit.

❋

Lorsqu'en 1788, Monseigneur le Comte d'Artois et M. le Comte de Provence (depuis Louis XVIII), furent chargés par le roi Louis XVI, leur frère, de présider chacun un bureau de l'assemblée des notables, le bureau présidé par Monsieur, fut surnommé par le peuple, comité des sages, et celui présidé par Monseigneur le Comte d'Artois, comité des Francs, chacun par allusion au caractère de son président.

Le 15 avril 1814, lorsque le sénat vint déférer le gouvernement provisoire à Monsieur, Comte d'Artois, sous le titre de Lieutenant-Général du Royaume, jusqu'à ce que son frère appelé au trône, eût accepté la Charte constitutionnelle ; la réponse du Prince, dans laquelle il proclama d'avance les bases futures de la Charte, arracha à un des membres du sénat, cette exclamation : « Ah ! c'est bien le fils d'Henri IV ! — Son sang coule dans mes veines, lui dit avec bonté Monsieur, je voudrais avoir ses talents, mais je suis sûr d'avoir son cœur et son amour pour les Français. »

Chargé en 1777, par son frère Louis XVI, a son avénement au trône, de visiter les ports de France situés sur les côtes de l'Océan, Monseigneur le Comte d'Artois fut tellement touché de l'enthousiasme que sa présence excita à Bordeaux, qu'il dit aux habitants de cette ville, avec une grâce enchanteresse : « Messieurs, vous me forcerez à revenir ici, l'année prochaine, pour les habitants de Bordeaux, car cette année je vois bien que je n'y serai venu que pour moi. »

Le grand Dauphin, fils aîné de Louis XV, et père du Duc de Berri (depuis Louis XVI), du Duc de Provence (depuis Louis XVIII), et du Comte d'Artois, aujourd'hui Charles X, donnait les plus grands soins à l'éducation de ses enfants, et se montrait parfois sévère. Un jour qu'il avait donné la même leçon à apprendre à ses trois fils, et qu'il avait annoncé que celui qui ne la saurait pas serait puni, les deux premiers ayant négligé de l'apprendre, ils ne purent répéter lorsque l'instant fut venu ; quand ce fut au tour du Comte d'Artois, qui ayant étudié, la savait parfaitement, il *dissimula* (peut-être pour la première fois), et aima mieux laisser croire à son père qu'il ne la savait pas mieux que ses frères et encourir la même punition, que d'obtenir des éloges qui auraient pu les humilier.

Les trois frères avaient l'habitude, lorsqu'ils étaient très jeunes, de donner à frais communs de petites fêtes aux autres enfants qu'ils admettaient dans leur intimité. Dans une de ces circonstances, le Comte d'Artois se trouva ne pas avoir d'argent ; en vain ses frères le questionnaient, il gardait le silence ; à la fin, forcé de répondre, il dit gravement, et en recommandant le secret, qu'il avait une femme et cinq enfants à nourrir. Les jeunes princes, ses frères, se mirent à rire aux éclats, mais bientôt leur hilarité se tourna en admiration, lorsqu'ils apprirent, que quelques jours auparavant il avait donné sa bourse à un frotteur du château, qui avait réellement une femme, et cinq enfants qu'il ne pouvait nourrir qu'avec peine ; ce que le Prince n'avait pu apprendre, en causant, sans lui promettre à l'avenir toutes ses épargnes.

✳

Lors de sa visite à l'Hôtel des Invalides, Charles X, accompagné de son auguste fils, parcourait les rangs de ces vieux serviteurs, leur parlait à tous avec affabilité, leur demandait où ils avaient servi, où ils avaient été blessés ; un d'entre eux remercia le Roi avec l'accent de son pays ;

« Bien !... lui dit en riant S. M., vous êtes du midise ? — Oui, a répondu le soldat avec une naïveté énergique, oui, et je suis venu du midise tout exprès pour vous autres, braves Bourbons. »

L'enthousiasme de ces braves militaires était au comble, et lorsque leur gouverneur leur a dit : « Si le Roi se trouvait en danger, n'est-ce pas que vous seriez encore les premiers à le défendre ? — Oui ! oui, se sont-ils écriés tous à la fois, vive le Roi ! vivent les Bourbons ! toujours !... toujours !

Lorsque le monarque visita l'infirmerie, il s'arrêtait à chaque lit, parlait à chaque malade, plaignant les uns, consolant les autres, et donnant des espérances à tous; un d'entre eux (le n° 2), qui n'avait pas assez vu le Roi, le fit demander et, le bon Prince revint sur ses pas pour satisfaire la curiosité du pauvre malade. Un autre lui dit : « Sire, à présent je peux mourir, j'ai vu notre bon roi Charles X. »

Le lendemain de cette visite, les Invalides ont mis *la poule au pot.*

Lorsque le Roi visita, le 30 novembre dernier, le grenier à réserve de la ville de Paris, il répondit en ces termes au discours que lui avait adressé le directeur de la réserve : « On sait le vif intérêt que je porte aux habitants de la ville de Paris ; je suis reconnaissant des témoignages d'attachement que j'en reçois tous les jours, et je suis bien aise de voir par moi-même ce qui touche à la nourriture de mon peuple et à ses premiers besoins. »

Lors de la visite qu'il a faite le 24 novembre dernier au palais de la Bourse, S. M. Charles X accueillant les protestations d'amour pour sa personne, dont M. Baudesson de Richebourg, commissaire près la Bourse, s'était rendu l'interprète au nom des deux compagnies des agens de change et des courtiers de commerce, lui répondit : « Ce que vous me dites est bien naturel, car nous devons vivre les uns pour les autres. »

Il répondit à la harangue de la députation qui était venue le recevoir à l'entrée de la Bourse. « Vous ne porterez jamais, messieurs, ni plus de zèle, ni plus d'intérêt au commerce dont je connais toute

l'importance et toute l'utilité, que je n'en
porterai moi-même. »

S. M. en se retirant, laissa une somme
de 1,000 fr. pour être distribuée aux ou-
vriers de la Bourse.

« Au sortir de la Bourse, le Roi se rendit à la coupole de Sainte - Gene-
viève, pour y voir les peintures nouvellement
ment terminées par M. Gros. « Monsieur,
dit-il à ce dernier, il y a plus que du
talent dans tout cela ; il y a du génie. »
Puis à l'instant de le quitter, il lui adressa
ces paroles : « En entrant ici je vous ai
dit : M. Gros ; mais je vous prie de trouver bon qu'au moment de vous quitter,
je vous dise M. le Baron Gros ; j'ai donné
ordre à mon garde des sceaux de vous en
expédier le titre ; il est impossible d'être
plus satisfait que je ne le suis, de ce ma-
gnifique ouvrage, c'est un monument que
vous avez élevé à la France. »

Lors du séjour qu'il fit à Édimbourg,
pendant l'émigration, on proposait à
Monsieur Comte d'Artois de renvoyer en
France avec une indemnité, les gens at-

tachés à l'écurie, et qui étaient plus à charge qu'utiles, puisqu'ils se trouvaient dix-huit pour quinze chevaux. « Je sais que je pourrais me passer d'eux, répondit le Prince ; mais je sais aussi qu'ils ne peuvent se passer de moi ; tant qu'il me, restera du pain, ils doivent le partager ; quand j'en manquerai, ils feront comme moi. Mais en attendant, je défends qu'on m'en parle davantage. » Et ils restèrent à son service jusqu'à son retour en France.

La première fois que depuis son avénement au trône, Charles X. alla chasser dans les environs de Versailles, les habitants de cette ville accoururent en foule au grand Trianon pour voir le Roi. Pendant son dîner, ils furent même admis à circuler autour de la table; une dame crut avoir trouvé l'occasion de mieux voir S. M. en se précipitant dans un salon réservé dont elle trouva la porte entr'ouverte ; elle n'y fut pas plutôt entrée, qu'a l'instant cette porte se referma sur elle ; elle y était seule depuis un espace de temps assez long, lorsqu'elle vit entrer dans le même salon par une porte opposée, deux personnes en costume de chasse : je voudrais bien dit-elle, en s'adressant à l'une d'elles, voir Charles X ; vous allez être satisfaite, lui répondit celui des deux chasseurs auquel elle s'était adressée, et la prenant par la main, il la conduisit, à travers plusieurs salons, dans celui où toute la compagnie était rassemblée. « Voici, dit-il en entrant, une dame qui désire voir le Roi. » Tout le monde se leve aussitôt, et la dame troublée reconnaît le roi lui-même, dans celui qui lui avait si obligeamment servi de conducteur.

✻

Monsieur, Comte d'Artois, possédait dans le département de la Haute-Marne, des bois d'une assez grande étendue ; en 1817, année où la cherté et la disette des vivres se faisaient vivement sentir, ce Prince mit à la disposition du préfet de ce département, une somme de 300,000 fr., pour des ateliers de charité pendant les mois de mai, juin et juillet, qui sont le temps le plus difficile à passer pour arriver jusqu'à la récolte. Et en même temps il donna ordre à son aumônier de remettre à l'autorité supérieure ecclésiastique de ce département, une somme de 3,000 fr. pour être distribuée par les curés, aux pauvres des paroisses environnantes.

Ayant également appris l'état déplorable dans lequel languissaient les habitants des communes voisines de ses propriétés dans le département de la Somme, Monsieur, Comte d'Artois, fit remettre par M. l'évêque d'Amiens, aux pauvres de ces paroisses, une somme de 10,000 fr. pour être employée aux travaux de charité et secours en nature, et en outre une somme de 300 fr. pour les indigents des mêmes communes et pareille autre somme de 300 fr. au sous-préfet de Doullens, pour les incendiés de Raincheval.

Lorsqu'en 1787, le Roi Louis XVI chargea ses frères de présider chacun un bureau de la Chambre des Notables, le lecteur chargé, dans le bureau présidé par le Comte d'Artois, de faire connaître les pièces relatives aux dépenses, qui y avaient été déposées, lut tout haut : « État des dettes de Monseign... et s'arrêta tout court : poursuivez, Monsieur, lui dit le prince, lisez ce qu'il y a, le lecteur lut : état des dettes de Monseigneur le Comte d'Artois. « Oui messieurs, dit hautement le Prince, ce sont les erreurs de ma jeunesse, que je passerai ma vie à réparer. » Parmi ces soi-disantes erreurs de jeunesse, combien de bienfaits dont il ne parlait pas !

Dans la tournée qu'il fit dans les départements, lors de la première reutrée des Bourbons en France, Monsieur, Comte d'Artois, ayant été vivement touché des malheurs d'une famille qui habitait Arcis-sur-Aube, lui avait accordé 15,000 fr. sur sa cassette. Le 19 mars 1815 au soir (la veille de la rentrée de Bonaparte à Paris, à son retour de l'Ile d'Elbe), Monsieur se rappella que cette somme n'avait pas été payée : il la fit remettre le lendemain à madame la comtesse de L. B... avec charge de la faire parvenir à son adresse.

Pendant les cent jours, Monsieur, Comte d'Artois, étant à Bruxelles, se trouvait par suite des circonstances, dans un état de gêne assez remarquable. Un duc Belge, qui était admis dans son intimité, crut s'en apercevoir, et lui offrit ses services, et à titre de prêt une somme d'argent. « Je vous remercie, monsieur le duc, lui dit le Prince, en lui montrant le fond de sa bourse,

quand le frère du Roi de France possède
encore deux louis dans la situation où il se
trouve, il n'a besoin de rien.»

Quelques jours après son mariage avec le
Duc de Berri, madame la Duchesse de
Berri, se rendant au château des Tuileries,
fut reçue à son passage par la garde nationale sous les armes, et ayant à sa tête
Monsieur, Comte d'Artois. Le lendemain,
ce prince dit à M. Lainez, colonel de la
8e légion, je suis bien aise de vous voir,
j'ai été content hier du Faubourg Saint-
Antoine; ses habitants nous ont fait un ac-
cueil charmant; je vous prie de leur en témoigner toute ma satisfaction.

Lors de sa rentrée en France par Vesoul,
en 1814, Monsieur, Comte d'Artois, fit
supplier le Roi, son frère, de vouloir bien
accorder à M. Lieuvain, maire de cette
ville, la décoration de l'Ordre royal de
Saint-Louis; et bientôt après en ayant obtenu l'autorisation, il la remit lui-même
au Maire, qui la refusa en s'excusant sur ce
que la couleur lui rappellait trop Bonaparte,
Sa Majesté et moi la portons, lui répondit

le Prince avec bonté, en voilà, ce me semble, autant qu'il en faut pour lever vos scrupules. M. Lieuvain ne résista plus.

✳

Le jour même de la naissance de Monseigneur le Duc de Bordeaux, Monsieur, Comte d'Artois, fit remettre 25,000 francs à S. E. l'Archevêque de Paris, et pareille somme à M. le Préfet de la Seine pour être distribuées aux pauvres, tant en son nom qu'au nom de son auguste fille.

✳

Si jamais j'étais appellé à régner, disait, dans des temps malheureux, Monsieur, Comte d'Artois, ma politique serait bien simple, je me placerais au milieu des miens, et de là je tendrais la main aux autres.

✳

Charles X partait pour Fontainebleau, un des ressorts de sa voiture vint à se briser en face du Pont-au-Change, au commencement du quai de Gèvres, les petits marchands qui déjà avaient préparé une pétition (c'était à l'approche du jour de l'an), profitèrent de l'occasion pour demander à Sa Majesté la permission d'étaler leurs tréteaux ambulants sur la place du Châtelet : « mes enfans, leur » répondit affectueusement le roi, je vous » l'accorde de grand cœur », à l'instant la place se couvre de boutiques, et le buste du roi est placé au milieu.

Dans une revue de la garde nationale de Paris, qui se fit à l'époque de la naissance du duc de Bordeaux, M. Barry, lieutenant-colonel commandant *par interim* la première légion, ayant eu l'occasion d'assurer S. A. R. Monsieur, qu'il était trop heureux d'être l'interprete des sentiments de respect, d'amour et de dévouement le plus absolu de toute sa légion, *Monsieur* en lui prenant affectueusement la main, lui répondit que toute la famille royale était touchée des démonstrations d'attachement de la garde nationale dans cet heureux événement et qu'elle ne saurait trop répéter combien de pareils sentiments lui étaient chers.

Dans la visite qu'il fit à l'Hôtel-Dieu, le 6 novembre dernier, Charles X s'adressant à Madame la marquise de Pastoret, lui dit, « Il y a ici du bien à faire, je devais vous y trouver. »

Un peu plus loin ayant aperçu madame la baronne du Puytren, il s'approcha d'elle de la manière la plus affectueuse, et lui demanda en souriant, si elle venait seconder son mari, puis il ajouta aussitôt : « Il n'est pas embarrassé lorsqu'il s'agit de bien faire. »

Arrivé au haut de la salle Ste.-Monique, et appercevant le palais des Tuileries, « Il » est bon dit-il que des Tuileries on puisse » découvrir la maison des pauvres ? »

Dans la salle des femmes blessées, M. Dupuytren lui présenta une femme qu'il avait opérée depuis huit jours, de la cataracte, il a levé pour la première fois le bandeau qui lui couvrait les yeux; et cette femme recouvra la vue en apercevant le Roi, qui lui dit avec la plus touchante affabilité : « Me voyez-vous bien. »

Dans la salle confiée aux soins du docteur Petit, ce médecin présenta à S. M. un serviteur, attaché au service du château de Versailles avant la révolution; le Roi après l'avoir considéré avec attendrissement, lui adressa quelques mots touchants et lui assura une pension.

Arrivée à l'amphithéâtre, S. M. fut haranguée par M. Lacroix, qui, au nom de tous les élèves de la maison, lui témoigna tout le prix qu'ils attachaient à la visite que S. M. daignait faire à l'hôpital, et la ferme résolution où ils étaient de redoubler de zèle et de soins auprès des malades pour seconder ses intentions paternelles, le Roi répondit : «Continuez, » c'est la véritable manière de mériter mes » bontés. »

Vers la fin de sa visite, le Roi étant arrivé à la cuisine, il la parcourut avec un grand soin, prit des mains de la religieuse préposée a cet office du bouillon et du pain des pauvres, et (si l'on en juge par l'appétit avec lequel il les mangea), en parut très satisfait, un instant après, il goûta le vin en disant à haute voix : « je » bois au rétablissement de la santé des malades. »

En sortant, ayant trouvé les membres du Conseil-Général, sur le péristyle, il leur dit : » Je suis satisfait de ma visite, » continuez à faire le bien, c'est le plus sûr » moyen de me plaire ; j'annonce au Conseil » que j'ai fondé trois lits aux Incurables, » que j'en ai fait les fonds : ces lits sont des- » tinés à trois veuves de militaires invali- » des. »

A son retour de l'Hôtel-Dieu, au moment où sa voiture entrait sur la place du Marché-Neuf, S. M. Charles X ayant entendu des cris, fit arrêter, et ayant appris qu'une dame, âgée de soixante-six ans, veuve de deux chevaliers de St.-Louis, et sans fortune, venait d'être renversée et avait reçu quelques contusions, mais sans aucun danger pour les suites, il lui accorda sur-le-champ 400 francs de pension.

En 1814, un garde national, pressé dans une foule, où se trouvait également Monsieur, Comte d'Artois, se trouva involontairement porté contre ce prince, et faillit le heurter ; il n'en fut empêché que par S. A. R. qui ouvrit ses bras pour le recevoir, en lui disant avec bonté : « Vous » êtes tombé sur mon cœur, c'est la place » de tous les Français. »

Au moment où S. M. sortait, un pauvre aveugle conduit par sa femme, qui s'était avancé pour remettre un placet au Roi, témoignait beaucoup d'inquiétude pour savoir si S. M. avait bien reçu le placet ; « Soyez tranquille, lui dit le Roi, je le

tiens dans mes mains, je me ferai rendre
compte de votre demande. »

Le 25 octobre dernier, à onze heures du
matin, à l'instant où S. M. Charles X tra-
versait la galerie qui conduit à la chapelle
du château, un officier pensionné lui
présenta une requête, et se jetant à ses
pieds, lui dit : « Sire, puisque toute justice émane du Roi, c'est aux pieds de
V. M. que j'ai l'honneur de la demander.
— Relevez-vous, mon brave, lui répondit
avec bonté S. M., je vous rendrai justice. »

Le 3 novembre dernier, S. M. Charles X se rendit à l'improviste dans les
salles d'exposition des tableaux; le directeur des musées n'ayant été prévenu que
le matin de cette auguste visite, s'était
trouvé dans l'impossibilité d'en donner avis
à MM. les artistes ; comme il témoignait
à S. M. les regrets qu'ils éprouveraient de
n'avoir pas été prévenus, le Roi lui répondit avec bonté : « Ceci est un impromptu;
je vais d'abord jouir de leurs ouvrages ;
dites-leur que plus tard et bientôt je désire me trouver au milieu d'eux ; j'aurai

bien des compliments à faire ; je n'en aurai jamais adressé à personne avec plus de satisfaction. Les arts sont une grande portion de cette gloire française qui m'est chère!...... Pour aujourd'hui, je vais me promener au milieu de ma famille. ».....

(S. M. avait ordonné que l'exposition demeurât publique).

Lors que S. M. se rendit, le 14 janvier dernier, au Louvre dans les salles d'exposition des tableaux pour y distribuer des récompenses aux artistes, il répondit en ces termes à M. le vicomte de la Rochefoucauld qui était venu le recevoir : «Je suis extrêmement flatté de me trouver au milieu des artistes distingués et aussi justement admirés de la France, qu'ils sont un digne objet d'envie de la part des étrangers. Je jouis de leur gloire et je la ressens doublement, et comme Français et comme leur souverain. » Ensuite il parcourut successivement toutes les salles.

Il dit à mademoiselle Gay : «Votre portrait est charmant, et je vous félicite de la ressemblance.»

Lorsque M. le vicomte de la Rochefoucauld proclama les noms des artistes auxquels le Roi accordait des récompenses, S. M. ajouta : « En accordant ces distinctions aux artistes, je le fais de grand cœur; ce sont des encouragements et non des récompenses, car pour récompenser ceux qui l'ont mérité, il me faudrait accorder un bien plus grand nombre de grâces. »

En remettant à M. Horace Vernet la croix d'officier de la Légion d'Honneur, le Roi lui dit : Je voudrais que votre grand-père pût vivre encore, j'aurais le plaisir de récompenser à la fois trois générations d'artistes.

M. Gérard était absent; « Je regrette, dit à ce sujet S. M., que la santé de M. Gérard ne lui ait pas permis de rester ici plus long-temps; je voulais lui commander le tableau de mon sacre et j'espère qu'il ne me refusera pas. »

Dans la réponse de Charles X aux magistrats de Paris, on remarqua cas paroles : « Croyez que j'emploierai toute la force que Dieu voudra me laisser encore à contribuer au bonheur d'un peuple que j'aime, et pour lequel je veux vivre et mourir. »

Quelques jours après son avénement au trône, en se rendant à l'Hôtel-Dieu, S. M. aperçut au milieu de la foule qui se pressait près de sa voiture, M. B....... C........, célèbre publiciste de l'opposition, qui mêlait sa voix à celle des nombreux assistants qui criaient *vive le Roi*. S. M. lui fit de la main un signe très affectueux en lui disant : « Ah ! pour cette fois, M. B....... C........, je vous y prends. »

✳

Lorsque, le 1 janvier dernier, les membres du conseil d'état, ayant à leur tête le garde-des-sceaux, furent admis à l'honneur d'offrir leurs félicitations à S. M. Charles X, il leur adressa ces paroles : «Je connais les sentimens, la fidélité et le zèle des membres du conseil d'état, je compte sur leur dévouement à ma personne, et sur leur exactitude à remplir tous leurs devoirs; j'aurai souvent recours à leur expérience et à leurs lumières, afin de réaliser les vœux que nous formons tous pour le bonheur de la France.»

✳

Un des plus célèbres artistes de la capitale disait, en témoignant sa reconnaissance [illegible] Charles X, que c'était à elle qu'il devait le peu de talents qu'il avait pu acquérir. — Alors, lui répondit affectueusement le Roi, vous me devez beaucoup [illegible]

[illegible]

*

Lors de la visite que le Roi fit le [illegible] janvier dernier à l'École polytechnique, il a été reçu avec le plus vif enthousiasme. Dans la cour principale, les élèves avaient placé le buste de S. M. avec cette inscription au-dessous.

> Français, couronnons le d'un quadruple laurier,
> Le Roi que le destin ne put jamais abattre ;
> L'armée en lui retrouve un ancien chevalier,
> L'Eglise saint Louis, les arts François premier,
> Et le peuple son Henri quatre.

Lorsque le Roi eut passé les élèves en revue, il ordonna qu'on leur fit rompre les rangs afin d'en être environné ; tous à l'instant se précipitèrent vers lui aux cris de *vive le Roi*, et l'on entendit Sa Majesté prononcer à plusieurs reprises, et d'une voix émue : « Venez, mes amis, approchez, mes enfants. »

www.ingramcontent.com/pod-product-compliance
Lightning Source LLC
Chambersburg PA
CBHW061332060726
47596CB00003B/1208